Cinzia Randazzo

IL SENSO DELLA VERGINITÀ E DELLA CASTITÀ ALLE ORIGINI DEL CRISTIANESIMO

Youcanprint *Self-Publishing*

Titolo | Il senso della verginità e della castità alle
origini del Cristianesimo
Autore | Cinzia Randazzo

Immagine di copertina a cura dell'autrice

ISBN | 978-88-92622-74-6

Youcanprint Self-Publishing
Via Roma, 73 - 73039 Tricase (LE) - Italy
www.youcanprint.it
info@youcanprint.it
Facebook: facebook.com/youcanprint.it
Twitter: twitter.com/youcanprintit

INDICE

PREFAZIONE.................................... 5

INTRODUZIONE.............................. 7

1. La verginità................................. 11
    1.1. Condizione........................ 11
    1.2. Effetti.............................. 13

2. La castità.................................... 17
    2.1. Condizione........................ 17
    2.2. Effetti.............................. 20

CONCLUSIONE............................... 25

BIBLIOGRAFIA............................... 27

PREFAZIONE

This brief essay examines the texts of the Apostolic Fathers which refer to the virtues of virginity and chastity. As in her previous contributions, the author applies an efficient method, *i.e.* the careful analysis of the relevant texts themselves. Unlike some other scholars, she avoids the danger of drawing hasty conclusions on baseless preconceptions.

The quotations taken from the *Pastor* of Hermas demonstrate that the virtue of virginity often has an allegorical sense for the earliest Christian writers. The *Letter of Barnabas* emphasizes the connection with other virtues, especially magnanimity. Ignatius of Antioch focuses his attention on the mystery of Mary's virginity in the history of salvation. The virtue of chastity is strongly recommended by several Fathers: Polycarp of Smyrna, Clement of Rome, and Hermas. They also underline that it is a gift from God himself to the Christians who are endowed with other virtues as well, *e.g.* that of penitence and humility. In the *Letter to Polycarp* Ignatius voices his opinion that those living in chastity reveal the glory of the body of the Lord.

At the end of her study, Dr Randazzo makes a distinction between the approaches of the Fathers to these virtues: some of them (*e.g.* Clement and Hermas) put them in the context of the incarnation of the Word of God and the life of the Church, while others (Barnabas and Polycarp) tend to deduce them from other human virtues.

I hope that those interested in the emergence of Christian moral theology will be greatly enriched by this short but thorough study.

<table>
<tr><td>Budapest 4-9-2016</td><td align="right">Prof. László Perendy
Pázmány Péter
Catholic University,
Budapest</td></tr>
</table>

INTRODUZIONE

L'idea di rivolgere una particolare attenzione al concetto della verginità e a quello della castità è causata da due motivi. Il primo è direttamente riconducibile al fatto di non partire a priori dal concetto dell'*"ascesi sessuale"*, né tanto meno dal *"rifiuto dell'unione carnale dei due sessi"*,[1] per poi cercare di estrapolare in alcuni testi dei Padri apostolici, che fra l'altro Beatrice cita in modo sporadico, quale ne sia l'interpretazione. Se è vero che vogliamo accostarci ai testi dei Padri apostolici è anche vero che il nostro modo di approcciarsi deve essere, per la tematica in questione, libero da tali preconcetti che possono travisare lo stesso pensiero dei Padri. Per questa ragione riteniamo opportuno analizzare tutti i testi dei Padri apostolici

---

1 P.F. BEATRICE, *Continenza e matrimonio nel cristianesimo primitivo (secc I-II)*, in R. CANTALAMESSA (Ed.), in *Etica sessuale e matrimonio nel cristianesimo delle origini*, Milano 1976, (Studia patristica mediolanensia 5), p. 3.

in linea di continuità, sforzandoci il più possibile di togliere l'andirivieni continuo - che costantemente si nota nel testo di Beatrice - di altre figure di padri e di storici; andirivieni che disturba perché disorienta il lettore a decifrare cosa i Padri apostolici vogliono "effettivamente" dire. Tra gli studi recenti che ci sono sul tema della verginità agli inizi del cristianesimo, alcuni sorvolano i Padri Apostolici,[2] altri si limitano a tradurre i testi e a presentarli nella lingua originale,[3] mentre altri ancora citano alcuni testi dei Padri apostolici, omettendo gli altri.[4] A incentivare tale ricerca è stato il giudizio del grande filosofo Brisson, il quale, avendo letto il presente

2 Cfr. G.S.GASPARRO, *Enkrateia e antropologia. Le motivazioni protologiche della continenza e della verginità nel cristianesimo dei primi secoli e nello gnosticismo*, Roma 1984; S. PRICOCO (Ed.), *L'EROS DIFFICILE. Amore e sessualità nell'antico cristianesimo*, Soveria Mannelli (CZ) 1998.
3 Cfr. Ch. MUNIER- G. RAMELLA (Ed.), *Matrimonio e verginità nella chiesa antica*, Torino 1990.
4 Cfr. P. BROWN, *The body and society. Men, women and Sexual Renunciation in Early Christianity*, London-Boston 1990, pp. 70-72; C. TIBILETTI, *Verginità e matrimonio in antichi scrittori cristiani*, Roma 1983, pp. 114-116.

lavoro, ha affermato con entusiasmo che l'autrice ha

"detto tutto su tale argomento molto chiaramente".[5]

1. La verginità

1.1. *Condizione*

Secondo Erma l'ascolto della Parola di Dio e la conseguente fede vengono ad essere le due condizioni che contraddistinguono i cristiani che, uniti nella stessa fede e carità, *"col nome portarono anche gli spiriti delle vergini"*.[6] Erma connota le vergini alla stessa stregua di coloro che credono e vivono nella carità. Sempre Erma precisa che quanti camminano nella via diritta sono coloro che, alla pari dei giusti, hanno osservato *"la fede, il timore e la continenza"*.[7] Essi hanno camminato in essa perché si sono rivolti *"con tutto il cuore al*

---

6 ERMA, *Pastore, similitudini* 9,94,4. Ed. crit. F.XAVER FUNK-K. BIHLMEYER-M. WHITTAKER, *Die Apostolischen Väter. Griechisch-deutsche Parallelausgabe*, Tübingen 1992, p. 514. Trad. di A. QUACQUARELLI, *I Padri apostolici*, Roma 1998, p. 332.
7 ERMA, *Pastore, precetti* 6,35,1. Ed. crit. F.XAVER FUNK-K. BIHLMEYER-M. WHITTAKER, *Die Apostolischen Väter. Griechisch-deutsche Parallelausgabe*, p. 394. Trad. di A. QUACQUARELLI, *I Padri apostolici*, p. 275.

Signore".[8] Di nuovo Erma afferma che è possibile per lui vivere con le vergini se egli osserva i precetti dati dall'angelo della penitenza per porre *"le vergini in un'abitazione pulita"*,[9] perchè le vergini essendo *"caste e industriose"*[10] rimarranno nella casa di Erma se la sua casa è pulita, ma

> se ci sarà un po' di sporcizia subito si allontaneranno dalla tua casa. Queste vergini non amano affatto sporcizia alcuna.[11]

---

8 ERMA, *Pastore, precetti* 6,35,5. Ed. crit. F.XAVER FUNK-K. BIHLMEYER-M. WHITTAKER, *Die Apostolischen Väter. Griechisch-deutsche Parallelausgabe*, p. 396. Trad. di A. QUACQUARELLI, *I Padri apostolici*, p. 275.
9 ERMA, *Pastore, similitudini* 10,113,4. Ed. crit. F.XAVER FUNK-K. BIHLMEYER-M. WHITTAKER, *Die Apostolischen Väter. Griechisch-deutsche Parallelausgabe*, pp. 538-540. Trad. di A. QUACQUARELLI, *I Padri apostolici*, p. 345.
10 ERMA, *Pastore, similitudini* 10,112,2 Ed. crit. F.XAVER FUNK-K. BIHLMEYER-M. WHITTAKER, *Die Apostolischen Väter. Griechisch-deutsche Parallelausgabe*, p. 536. Trad. di A. QUACQUARELLI, *I Padri apostolici*, p. 344.
11 ERMA, *Pastore, similitudini* 10,113,2. Ed. crit. F.XAVER FUNK-K. BIHLMEYER-M. WHITTAKER, *Die Apostolischen Väter. Griechisch-deutsche Parallelausgabe*, p. 538. Trad. di A. QUACQUARELLI, *I Padri apostolici*, pp.

Barnaba aggiunge che la magnanimità e la continenza aiutano i veri cristiani a mantenersi costanti nella fede perché "*nostri alleati*".[12]

1.2. *Effetti*

Ignazio di Antiochia afferma che la verginità di Maria fu compiuta "*nel silenzio di Dio*".[13] Tale mistero, prosegue Ignazio, è rimasto celato anche al "*principe di questo mondo*".[14] Inoltre Policarpo fa osservare che "*le vergini devono camminare con coscienza irreprensibile e pura*",[15] vergini che lo

---

344-345.

12 BARNABA, *Epistola* 2,2. Ed. crit. F.XAVER FUNK-K. BIHLMEYER-M. WHITTAKER, *Die Apostolischen Väter. Griechisch-deutsche Parallelausgabe*, p. 28. Trad. di A. QUACQUARELLI, *I Padri apostolici*, p. 188.

13 IGNAZIO DI ANTIOCHIA, *Lettera agli Efesini* 19,1. Ed. crit. F.XAVER FUNK-K. BIHLMEYER-M. WHITTAKER, *Die Apostolischen Väter. Griechisch-deutsche Parallelausgabe*, p. 188. Trad. di A. QUACQUARELLI, *I Padri apostolici*, p. 106.

14 *Ibidem*

15 POLICARPO, *Lettera ai Filippesi* 5,3. Ed. crit. F.XAVER FUNK-K. BIHLMEYER-M. WHITTAKER, *Die Apostolischen Väter. Griechisch-deutsche Parallelausgabe*, p. 248. Trad. di A. QUACQUARELLI, *I Padri apostolici*, p. 156.

ps.Clemente connota con l'appellativo di "*donna sola*" che sterile non ha partorito e né ha avuto i dolori del parto. Per lo ps.Clemente la donna sola simboleggia la chiesa che grida di gioia perché i suoi figli sono più numerosi di quelli della donna sposata. Lo ps.Clemente spiega tale metafora affermando che i cristiani sembravano abbandonati da Dio, invece avendo riposto fiducia in Dio sono "*divenuti più numerosi di quelli che simulavano di avere Dio*".[16] La chiesa, simboleggiata da Erma con l'immagine della torre, viene ad essere la dimora di coloro che non solo portano il nome del Figlio di Dio ma di coloro che anche si rivestono delle potenze del Figlio di Dio, simboleggiate con l'immagine della veste delle vergini. L'uomo, secondo Erma, non può entrare nel regno di Dio se le vergini, che simbolizzano gli spiriti santi, non "*lo*

---

16 Ps.CLEMENTE, *Omelia* 2,3. Ed. crit. F.XAVER FUNK-K. BIHLMEYER-M. WHITTAKER, *Die Apostolischen Väter. Griechisch-deutsche Parallelausgabe*, p. 156. Trad. di A. QUACQUARELLI, *I Padri apostolici*, p. 222.

rivestono della loro veste".[17] Coloro che si rivolgono alle vergini e *"camminano nella loro virtù e nelle loro opere*"[18] entrano nella casa di Dio.

____

17 ERMA, *Pastore, similitudini* 9,90,13,2. Ed. crit. F.XAVER FUNK-K. BIHLMEYER-M. WHITTAKER, *Die Apostolischen Väter. Griechisch-deutsche Parallelausgabe*, p. 506. Trad. di A. QUACQUARELLI, *I Padri apostolici*, p. 328.
18 ERMA, *Pastore, similitudini* 9,91,14,1. Ed. crit. F.XAVER FUNK-K. BIHLMEYER-M. WHITTAKER, *Die Apostolischen Väter. Griechisch-deutsche Parallelausgabe*, p. 508. Trad. di A. QUACQUARELLI, *I Padri apostolici*, p. 329.

2. La castità

2.1. *Condizione*

Policarpo esorta i Filippesi a non peccare perchè "*Dio Padre di nostro Signore Gesù Cristo e lo stesso pontefice eterno Gesù Cristo Figlio di Dio vi edifichino nella fede (...) nella castità*".[19]

La mancanza di peccato, identificata dall'angelo della penitenza nel non fare entrare nel cuore di Erma "*pensiero di donna altrui o di qualche fornicazione o di altre siffatte malvagità*",[20] - perchè "*un tale desiderio per un servo di Dio è un grande peccato*"[21] - è la condizione per custodire la castità:

19 POLICARPO, *Lettera ai Filippesi* 12,2. Ed. crit. F.XAVER FUNK-K. BIHLMEYER-M. WHITTAKER, *Die Apostolischen Väter. Griechisch-deutsche Parallelausgabe*, p. 254 . Trad. di A. QUACQUARELLI, *I Padri apostolici*, p. 159.
20 ERMA, *Pastore, precetti* 4,29,1. Ed. crit. F.XAVER FUNK-K. BIHLMEYER-M. WHITTAKER, *Die Apostolischen Väter. Griechisch-deutsche Parallelausgabe*, p. 380. Trad. di A. QUACQUARELLI, *I Padri apostolici*, p. 269. Vedi anche ERMA, *Pastore, visioni* 1,2,4.
21 ERMA, *Pastore, precetti* 4,29,2. Ed. crit. F.XAVER FUNK-K. BIHLMEYER-M. WHITTAKER, *Die Apostolischen Väter. Griechisch-deutsche Parallelausgabe*,

"*Ti comando, disse, di custodire la castità*".[22]

Precedentemente la chiesa ha fatto notare a Erma che per un servo di Dio come lui la continenza assurge ad essere la condizione della castità, perché questa dovrebbe produrre in Erma il desiderio dei beni invisibili e non l'attaccamento a quelli visibili come il desiderio di una donna:

> ma certamente un desiderio di essa venne nel tuo cuore. Un tale desiderio per i servi di Dio comporta un peccato. Intenzione malvagia e sorprendente è per uno spirito lodevole e già provato se desidera un'azione cattiva. Soprattutto per Erma continente e alieno da ogni turpe piacere.[23]

---

pp. 380-382. Trad. di A. QUACQUARELLI, *I Padri apostolici*, p. 269.

22 ERMA, *Pastore, precetti* 4,29,1. Ed. crit. F.XAVER FUNK-K. BIHLMEYER-M. WHITTAKER, *Die Apostolischen Väter. Griechisch-deutsche Parallelausgabe*, p. 380. Trad. di A. QUACQUARELLI, *I Padri apostolici*, p. 269.

23 ERMA, *Pastore, visione* 1,2,4. Ed. crit. F.XAVER FUNK-K. BIHLMEYER-M. WHITTAKER, *Die Apostolischen Väter.*

La continenza viene ad essere la condizione della castità anche per Clemente Romano, il quale esorta i Corinti a non vantarsi della castità corporea, perché è stato Dio che per grazia ha concesso loro la continenza, senza la quale non è possibile raggiungere la castità: *"Il casto nella carne non si vanti, sapendo che un altro gli concede la continenza"*.[24] A sua volta per Clemente Romano condizione della continenza è la concessione di questa da

> colui che ci plasmò e ci creò (...). Egli aveva preparato i benefici prima che noi fossimo nati. 4. Abbiamo tutto da lui, di tutto lo dobbiamo ringraziare.[25]

Griechisch-deutsche Parallelausgabe, p. 334. Trad. di A. QUACQUARELLI, *I Padri apostolici*, p. 245.
24 CLEMENTE ROMANO, *Lettera ai Corinti* 38,2. Ed. crit. F.XAVER FUNK-K. BIHLMEYER-M. WHITTAKER, *Die Apostolischen Väter. Griechisch-deutsche Parallelausgabe*, p. 122. Trad. di A. QUACQUARELLI, *I Padri apostolici*, p. 75.
25 CLEMENTE ROMANO, *Lettera ai Corinti* 38,3-4. Ed. crit. F.XAVER FUNK-K. BIHLMEYER-M. WHITTAKER, *Die Apostolischen Väter. Griechisch-deutsche Parallelausgabe*, p. 122. Trad. di A. QUACQUARELLI, *I*

Tornando a Erma l'angelo della penitenza spiega a lui che se l'angelo della giustizia penetra nel cuore *"subito ti parla di giustizia, di castità"*.[26] L'angelo della giustizia entra nel cuore di chi ha fede, per cui la fede viene ad essere la condizione dell'accesso dell'angelo della giustizia nel cuore, perché parli al credente della castità.

2.2. *Effetti*

L'angelo della penitenza ammonisce Erma di custodire la castità perché, se sale un desiderio cattivo nel suo cuore, egli può pentirsi. Egli può pentirsi perché ha scelto di stare da solo, invece chi è sposato e vive con colei che non si pente è partecipe del suo peccato:

Padri apostolici, p. 75.
26 ERMA, *Pastore, precetti* 6,36,2,3. Ed. crit. F.XAVER FUNK-K. BIHLMEYER-M. WHITTAKER, *Die Apostolischen Väter. Griechisch-deutsche Parallelausgabe*, p. 396. Trad. di A. QUACQUARELLI, *I Padri apostolici*, pp. 275-276.

Non solo si ha adulterio se uno corrompe la propria carne, ma anche chi compie cose simili ai pagani è un adultero. Se qualcuno persiste in tali azioni e non si pente, lungi da lui e non vivere con lui; diversamente sei partecipe del suo peccato. 10. Per questo vi fu ordinato di rimanere da soli, per la donna e per l'uomo.[27]

Il vivere da soli nella castità permette a Erma di pentirsi, per cui il pentimento viene ad essere l'effetto per colui che, come Erma, vive nella castità: "*Per questo vi fu ordinato di rimanere da soli, per la donna e per l'uomo. Vi può essere in loro pentimento*".[28] Di nuovo l'angelo della penitenza esorta Erma a praticare la castità per

---

27 ERMA, *Pastore, precetti* 4,29,9-10. Ed. crit. F.XAVER FUNK-K. BIHLMEYER-M. WHITTAKER, *Die Apostolischen Väter. Griechisch-deutsche Parallelausgabe*, pp. 382-384. Trad. di A. QUACQUARELLI, *I Padri apostolici*, p. 270.
28 *Ibidem*

vivere in Dio: *"Pratica la castità e la santità e vivrai in Dio"*.[29] Il vivere nella castità comporta anche l'effetto di avere onore e una grande gloria presso Dio: *"Se, invece, rimane da solo si procura un onore straordinario e una grande gloria presso il Signore"*.[30] Sempre l'angelo della penitenza ammonisce Erma a osservare la continenza, la quale dà a chi la osserva la forza di camminare, alla pari del giusto, nella via dritta:

«Ti ordinai, dice, nel primo precetto di osservare la fede, il timore e la continenza». «Si, dico, signore». «Ma ora ti voglio spiegare le loro forze perché tu conosca quale potere ed efficacia hanno. Le loro forze sono

---

29 ERMA, *Pastore, precetti* 4,32,3. Ed. crit. F.XAVER FUNK-K. BIHLMEYER-M. WHITTAKER, *Die Apostolischen Väter. Griechisch-deutsche Parallelausgabe*, p. 388. Trad. di A. QUACQUARELLI, *I Padri apostolici*, p. 272.
30 ERMA, *Pastore, precetti* 4,32,2. Ed. crit. F.XAVER FUNK-K. BIHLMEYER-M. WHITTAKER, *Die Apostolischen Väter. Griechisch-deutsche Parallelausgabe*, p. 288. Trad. di A. QUACQUARELLI, *I Padri apostolici*, p. 272.

duplici e per il giusto e per l'ingiusto. 2.
Tu dunque credi al giusto e non credere
all'ingiusto. Il giusto ha una via dritta,
l'ingiusto, invece, una via storta, ma tu
cammina per la via dritta e piana, lascia
la storta.[31]

Più avanti sempre l'angelo della penitenza
esorta Erma a credere alle *"opere dell'angelo della
giustizia"*[32] e a compierle nella castità, in modo da
vivere in Dio: *"e compiendole, tu vivrai in Dio"*.[33]
In seguito Ignazio esorta Policarpo che *"se
qualcuno può rimanere nella castità a gloria della
carne del Signore, vi rimanga con umiltà"*.[34] Colui

____

31 ERMA, *Pastore, precetti* 6,35,1-2. Ed. crit. F.XAVER
FUNK-K. BIHLMEYER-M. WHITTAKER, *Die
Apostolischen Väter. Griechisch-deutsche Parallelausgabe*,
pp. 394-396. Trad. di A. QUACQUARELLI, *I Padri
apostolici*, p. 275.
32 ERMA, *Pastore, precetti* 6,36,10. Ed. crit. F.XAVER
FUNK-K. BIHLMEYER-M. WHITTAKER, *Die
Apostolischen Väter. Griechisch-deutsche Parallelausgabe*, p.
398. Trad. di A. QUACQUARELLI, *I Padri apostolici*, p. 276.
33 *Ibidem*
34 IGNAZIO, *Lettera a Policarpo* 5,2. Ed. crit. F.XAVER
FUNK-K. BIHLMEYER-M. WHITTAKER, *Die*

che sceglie di vivere nella castità lo faccia, secondo Ignazio, per glorificare la carne del Signore. Inoltre Policarpo esorta le mogli a prediligere i loro mariti, *"amando ugualmente tutti nella castità"*.[35] Le mogli, secondo Policarpo, hanno il compito di vivere nella castità per estendere il loro amore verso tutti, oltre che verso i mariti.

Apostolischen Väter. Griechisch-deutsche Parallelausgabe, p. 238. Trad. di A. QUACQUARELLI, *I Padri apostolici*, p. 141.
35 POLICARPO, *Lettera ai Filippesi* 4,2. Ed. crit. F.XAVER FUNK-K. BIHLMEYER-M. WHITTAKER, *Die Apostolischen Väter. Griechisch-deutsche Parallelausgabe*, pp. 246-248. Trad. di A. QUACQUARELLI, *I Padri apostolici*, p. 155.

CONCLUSIONE

In questo studio abbiamo avuto modo di vedere le linee essenziali attraverso le quali si estrinsecano le condizioni e i relativi effetti, concernenti il concetto della verginità e della castità. Da un lato esiste un filone di senso discendente e un altro di senso ascendente. Per quanto riguarda il primo filone - appartenente a Erma, allo ps.Clemente e a Clemente Romano - alla base di ciò che non solo può procurare lo stato verginale, ma che anche consente all'uomo di venire a far parte della chiesa è la fede di coloro che non solo portano il nome del Verbo, ma che si sono rivestiti delle potenze del Verbo, mentre per Barnaba e Policarpo sono le virtù della continenza, della magnanimità e della purezza.

BIBLIOGRAFIA

BEATRICE P.F., *Continenza e matrimonio nel cristianesimo primitivo (sec. I-II)*, in R. CANTALAMESSA (Ed.), in *Etica sessuale e matrimonio nel cristianesimo delle origini*, Milano 1976, (Studia patristica mediolanensia 5), pp. 3-68.

BROWN P., *The body and society. Men, women and Sexual Renunciation in Early Christianity*, London-Boston 1990, pp. 70-72.

GASPARRO G.S., *Enkrateia e antropologia. Le motivazioni protologiche della continenza e della verginità nel cristianesimo dei primi secoli e nello gnosticismo*, Roma 1984;

MUNIER Ch. - RAMELLA G.(Ed.), *Matrimonio e*

verginità nella chiesa antica, Torino 1990.

PRICOCO S.(Ed.), *L'EROS DIFFICILE. Amore e sessualità nell'antico cristianesimo,* Soveria Mannelli (CZ) 1998.

TIBILETTI C., *Verginità e matrimonio in antichi scrittori cristiani,* Roma 1983.

Finito di stampare nel mese di Ottobre 2016
per conto di Youcanprint Self-Publishing